STSSL
STANDARD TEST OF SPORT SKILL LEVEL

CSEA
CHINA SPORTS EDUCATION ALLIANCE

青少年武术运动技能等级标准与测试方法

全国青少年运动技能等级标准研制组　组编

科学出版社
北京

内 容 简 介

本书介绍了青少年武术运动技能等级标准与测试方法，主要内容包括“测试场地、器材、设备及人员配备要求”“测试的总体要求”“各等级测试科目”“基本技能测试”“基本技能测试合格标准”“专项技能测试”。基本技能测试方法中规定了该科目的测试要求、方法、评分方法，对测试过程中的要点辅以图示及说明；专项技能测试方法中规定了一～九等级的测试科目及评分方法，并辅以动作图示。

本书可供国家及各级教育主管部门、体育主管部门，各级体育协会，体育院校及中小学校，社会性体育培训组织相关人员参考、使用。

图书在版编目（CIP）数据

青少年武术运动技能等级标准与测试方法 / 陈佩杰，唐炎主编. — 北京：科学出版社，2018.4

（青少年运动技能等级标准与测试方法）

ISBN 978-7-03-057034-5

Ⅰ. ①青… Ⅱ. ①陈… ②唐… Ⅲ. ①武术－称号等级（体育）－标准－中国②武术－称号等级（体育）－测试方法－中国 Ⅳ. ①G852

中国版本图书馆CIP数据核字（2018）第055563号

责任编辑：潘志坚

责任印制：谭宏宇 / 封面设计：殷 靓

科 学 出 版 社 出版

北京东黄城根北街16号

邮政编码：100717

http: // www. sciencep. com

南京展望文化发展有限公司排版

当纳利（上海）信息技术有限公司印刷

科学出版社发行 各地新华书店经销

*

2018年 4 月第 一 版 开本：B5（720 × 1 000）

2021年10月第十三次印刷 印张：3 1/2

字数：46 000

定价：50.00 元

（如有印装质量问题，我社负责调换）

《青少年运动技能等级标准与测试方法》丛书
编辑委员会

《青少年运动技能等级标准与测试方法》丛书
专家指导委员会

《青少年武术运动技能等级标准与测试方法》编辑委员会

丛书序

2017年11月，国家体育总局、教育部、中央文明办、发展改革委、民政部、财政部和共青团中央7部门联合制定出台了《青少年体育活动促进计划》，明确提出“研究建立青少年运动技能等级评定标准”，并要求“各级教育部门应将运动技能等级纳入学生综合素质评价体系”。运动技能水平是衡量个体体育综合能力的关键指标，让青少年掌握1～2项运动技能是国家对青少年体育教育的基本要求。然而，如何客观有效地评判青少年运动技能的掌握水平，我们还缺乏一套行之有效的标准。毋庸讳言，当前运动技能等级标准的缺失已经成为制约青少年体育改革发展的主要因素。这对学校体育与健康课程改革的效果检验和深入推进、青少年体育素养水平评价的实施及社会性青少年体育培训的规范开展都造成了影响。因此，制定一套能展现运动项目特征、反映运动技能进阶规律、科学性强且便于测试的“青少年运动技能等级标准”（以下简称“标准”）已迫在眉睫。

2016年3月，上海体育学院组建了“标准”研制组开展相关工作。经过广泛的专题调研和充分的分析讨论后，研制组确立了四等十二级制的“标准”体系构架，并以“标准”指标能反映运动项目的实际运用能力、能反映个体运动技能水平的变化、能促进青少年运动参与的积极性、能与竞技体育运动等级标准有效衔接为基本思路，依托中国乒乓球学院强大的科研力量，以乒乓球运动技能等级标准的研制为突破口，以点带面地推进研制工作。2017年4月12日，研制组首先发布了《青少年乒乓球运动技能等级标准》（以下简称《乒乓球标准》）。《乒乓球标准》的发布得到了中国乒乓球协会与上海市教委相关领导、乒乓球界多位名宿与专家的高度肯定，国家体育总局官网、新华网、环球网等数十家媒体予以报道。在《乒乓球标准》成功发布的基础上，研制组进一步优化研制思路和路径。又历时1年，经过对9 000余名青少年进行测试和数十轮专家研讨，研制组先后完成了足球、篮球、排球、羽毛球、网球、高尔夫球、田径、体操、游泳、武术10个运动项目的“标准”研制工作。上海市学生体育协会对“标准”高度认可，并采纳其全部内容用于促进青少年学生体育活动的开展工作。同时，“标准”已作为行业主体在上海市质量技术监督局申请为“团体标准”。“标准”的正式出台对于推动青少年体育发展可以起到以下几方面的作用。第一，“标准”的体系构架能够实现普通青少年与精英运动员的运动技能水平评定的衔接，能够为体育管理部门掌握青少年运动技能等级分布情况、规划运动项目发展方向提供支撑。第二，“标准”的指标设计充分考虑到运动项目参与主体的获得感，青少年在每一阶段的进步均能通过等级的进阶得到证明，从而更好地激发和维持青少年积极参与运动的热情。第三，“标准”在对个体参与测试的资格上添加了运动经历的要素，要求被测者从进入“提高级”的测试开始，必须要具备相应的运动经历才能参与测试。这样的设置突出了“标准”作为评价工具的发展功能，能够避免青少年将技能等级提升与运动实践相割裂的弊端，从而更好地带动青少年积极运动。第四，“标准”指标体系的科学性及测试方法的便捷性能够为学校开展体育技能教学、评定学生体育技能水平提供技术支撑，能够为教育部门开展学生体育素养测评提供科学便捷的工具，更好地实践体育与健康课程的育人价值。第五，“标准”能够为各种青少年体育培训机构的培训质量提供明确的评价依据。当前，青少年体育培训机构虽然蓬勃发展，但也良莠不齐。评价培训质量的指标较多，而青少年运动技能水平的提升程度无疑才是评价培训质量优劣的重要参考。

从提出研制思路到最终成稿，上海市教委都给予了极大的支持与帮助。同时，上海体育学院国家社会科学基金重大项目《中国儿童青少年体育健身大数据平台建设研究》研究团队从项目设计开始，就将“标准”的研制作为主要的研究任务之一，并形成了专门的研究小组进行技术攻关。此外，各运动项目领域的诸多专家及协会、众多中小学学校及社会性体育培训机构也在本“标准”的研制过程中提供了大量帮助。在此，向所有为“标准”的研制工作贡献力量的人员表示衷心的感谢！

受制于学识的限制，“标准”肯定存在着诸多不完善的地方。因此，恳请广大专家学者以及应用“标准”的相关机构、组织及个人不吝赐教，多提宝贵意见，为“标准”的进一步完善提供真知灼见！

陈佩杰　唐　炎

2018年3月12日

编写说明

让青少年掌握1～2项运动技能是国家对青少年体育教育的基本要求。然而，如何评定青少年运动技能水平，尚没有客观且有效的评价标准及测试方法。上海体育学院组建了青少年运动技能等级标准研制组，共历时2年左右，首期研制了乒乓球、足球、篮球、排球、羽毛球、网球、田径、体操、游泳、武术、高尔夫球11个运动项目的技能等级标准与测试方法。

《青少年运动技能等级标准与测试方法》丛书的编写特点如下：

- 科学性强　基于万余名青少年的测试数据，经过数十轮专家论证而制定。各等级的测试科目基本涵盖了该项运动的主要技术，体现了运动项目的本质特征和运动技能的进阶规律。
- 客观性强　研制过程中尽可能采用智能化的测试手段，能够有效避免主观因素。此外，还对各运动项目的测试场地、器材、设备、测试者及被测试者提出了统一要求，从而保证了不同测试基地间测量的可信度。
- 操作性强　在保证科学性和客观性的基础上，力求各运动项目等级的测试方法更简单易行，耗时更少。
- 引领性强　不同运动项目的相同等级难度设置基本对等，具有一定的层次性。从“提高级”开始，要求具备相应的运动经历，能够激发和维持青少年的运动参与热情。
- 贯通性强　能与现行的《运动员技术等级标准》及高水平竞技运动有效衔接，从而实现普通青少年与运动精英在技能上的贯通。
- 直观性强　各等级测试过程中的要点均辅以图片进行说明，且每项测试科目都配有示范内容的视频，通过扫描二维码，即可直观、便捷地了解测试内容与方法。

目 录

青少年武术运动技能等级标准与测试方法

武术是一项深受青少年喜爱的民族特色传统体育项目，能够锻炼身体素质，坚定意志品质，培养健全人格。其内容丰富多彩，博大精深。为了帮助青少年掌握1～2项运动技能，促进青少年健康成长，推动武术运动的良好发展，特制定《青少年武术运动技能等级标准》（以下简称“标准”）。本“标准”在整体上采用四等十二级制，主要适用于套路项目的评定。其中，一～三级为入门级，四～六级为提高级，七～九级为专业级，十～十二级为精英级。本“标准”仅针对一～九级，预留十～十二级与高水平运动员等级相衔接。

测试场地、
器材、设备及人员
配备要求

场地

竞赛标准场地，长14米、宽8米，其周围至少有2米宽的安全区。空间高度不少于8米。

器材

考官桌椅5～7套、举分牌3～5套、秒表1个、卷尺1个、直尺1个、摄像机1台、三脚架1副、记录表1份。

设备

医用急救包1套，全程录像设备1套，专用电脑2台，配备网络接口，并保证网络畅通。

人员

主考官：1～2名。

助考：若干名。

其他考务人员：若干名。

测试的总体要求

测试规则

被测试者首次申请测试可从任一等级开始，但应对自己的水平有一定预估。具体可参考现武术段位等级与运动级别与本“标准”所对应的等级关系（见附表）。首次测试通过后方可申请高一等级的测试，不通过者至少降一个等级重新申请。

本“标准”分为“基本技能”和“专项技能”两部分。“基本技能”和“专项技能”的测试成绩分别依照百分制换算表换算成分数，最终分数达到60分，则视为通过该科目。每一级测试均采用“5+1”的形式，即申请某一等级的被测试者除了参加5项基本技能测试外，还应参加该级别的专项技能测试（套路）。两部分测试成绩的平均分达到60分，方可通过该等级的测试。

测试动作以本“标准”规定为准，违反动作规定将停止测试。基本技能测试有2次机会，取最好1次；专项技能仅有1次测试机会。

被测试者要求

被测试者需着武术表演服，武术运动鞋，充分热身，听到上场点名，对主考官行抱拳礼，进入场地开始测试。套路演练结束，行抱拳礼后离开场地。

从四级开始要求被测试者应具有一定的比赛经历。申请四～六级的测试须参加过县级及以上政府相关部门主办的比赛，或者以“标准杯”冠名的相应级别比赛，或者经“标准”委员会认定的比赛。申请七～九级的测试须参加过地市级及政府相关部门主办的比赛，或者以“标准杯”冠名的相应级别比赛的经历，或者经“标准”委员会认定的比赛。

考官要求

考官需着专用武术裁判服；认真检查测试场地、器材及设备；提醒被测试者做好充分的准备活动。

一级至六级主考需具有一级及以上武术裁判员证书，考官需具有二级及以上武术裁判员证书，或由“标准”委员会认定；七级至九级主考需具有国家级武术裁判员证书，考官需具有一级及以上裁判员证书，或由“标准”委员会认定。所有考官均应无不良执裁记录。

测试点要求

测试点必须保持场地干净、整洁、卫生、明亮，无可能造成伤害事故的坚硬物件或其他安全隐患，必须有安全出口和紧急疏散通道。整个测试过程须全程录像。

各等级测试科目

各等级测试科目一览表

等级	科　　目
一级	基本技能测试项目【原地左右正踢腿、掌卧撑、左右乌龙盘打、前滚翻、三级蛙跳】，专业技能测试项目（五步拳）
二级	基本技能测试项目【原地左右正踢腿、掌卧撑、左右乌龙盘打、前滚翻、三级蛙跳】，专业技能测试项目（十步拳）
三级	基本技能测试项目【原地左右正踢腿、掌卧撑、左右乌龙盘打、前滚翻、三级蛙跳】，专业技能测试项目（少林八步连环拳）
四级	基本技能测试项目【原地左右正踢腿、拳卧撑、左右乌龙盘打、侧滚翻、三级蛙跳】，专业技能测试项目（少年拳二路）
五级	基本技能测试项目【原地左右正踢腿、拳卧撑、左右乌龙盘打、侧滚翻、三级蛙跳】，专业技能测试项目（初级长拳三路）
六级	基本技能测试项目【原地左右正踢腿、拳卧撑、左右乌龙盘打、侧滚翻、三级蛙跳】，专业技能测试项目（少年拳）
七级	基本技能测试项目【原地左右正踢腿、拳卧撑、左右乌龙盘打、抢背、三级蛙跳】，专业技能测试项目（五路华拳或徒手自选套路）
八级	基本技能测试项目【原地左右正踢腿、拳卧撑、左右乌龙盘打、抢背、三级蛙跳】，专业技能测试项目（徒手自选套路+短器械自选套路）
九级	基本技能测试项目【原地左右正踢腿、拳卧撑、左右乌龙盘打、抢背、三级蛙跳】，专业技能测试项目（徒手自选套路+短器械自选套路+长器械自选套路）

基本技能测试

科目一：原地左右正踢腿

测试要求

两脚并步站立，两臂侧平举，两手立掌，上体直立。

测试方法

考官发令时即计时开始，左脚向前上半步，左腿支撑，右脚脚尖勾起直腿向前额处猛踢，两眼向前平视，左右腿交替上踢。左右腿共需完成20次。支撑腿和摆动腿伸直，膝关节内角度小于45°被视为无效动作；躯干前倾大于45°被视为无效动作。一～三级左右腿脚跟过胸记数，不过胸的踢腿被视为无效动作；四～九级左右腿脚跟过肩记数，不过肩的踢腿被视为无效动作。

评分方法

完成20次正踢腿所用的时间为被测试者的测试成绩，合格标准参照基本技能合格线一览表，百分制换算表详见第22页二维码。

要点图示及说明

一～三级原地左右正踢腿　　四～九级原地左右正踢腿

- 支撑腿与摆动腿不能弯曲，膝关节内角不能小于45°
- 身体躯干前倾不能大于45°

科目二：俯卧撑（掌/拳）

测试要求

双臂分开，比肩略宽，以掌心（拳面）支撑地面；脚尖支地，用腰腹力量控制躯干成一条直线。

测试方法

考官发令时即开始，屈肘下降身体至上身贴近地面，略作停顿后回到初始状态。双腿膝盖挺直，与躯干保持一条直线。从预备动作开始，每正确完成一个（身体上下起伏）记1次。如果身体未保持平直或身体未降至肩与肘处于同一水平面，不进行计数。一～三级为掌卧撑，四～九级为拳卧撑，记录完成次数。测试时可在拳面放置软性材料以缓和拳面不适。

评分方法

记录有效完成次数，为被测试者的测试成绩，合格标准参照基本技能合格线一览表，百分制换算表详见第22页二维码。

要点图示及说明

一～三级
掌握撑

四～六级
拳握撑

七～九级
拳握撑

- 身体需保持平直

- 身体需下降至肩与肘处于同一平面

科目三：左右乌龙盘打

测试要求

两脚左右开立，两臂侧平举。

测试方法

考官发令时即计时开始，左转腰成左弓步，右臂从下向左抡臂，经过头上、右侧，在左臂由左侧经头上抡至右侧时，随身体右转右臂向右后抡臂，经头上在身体左转后成右仆步拍地。继续反方向交替进行，动作相同，方向相反。依以上要求掌心拍地为记1次。左右依次完成动作，记录完成时间。只完成一个方向的乌龙盘打或抡臂过程中双手的运动方向相反视为无效；仆步屈蹲腿大腿高于水平、平铺腿弯曲或膝内角大于45°、抡臂时两臂肘关节内角度小于45°被视为无效动作。

评分方法

记录有效完成次数，为被测试者的测试成绩，合格标准参照基本技能合格线一览表，百分制换算表详见第22页二维码。

要点图示及说明

一～三级
左右乌龙盘打

四～六级
左右乌龙盘打

七～九级
左右乌龙盘打

1

2

3

4

5

6

7

8

9

10

11

12

科目四：滚翻（前滚翻、侧滚翻）、抢背

测试要求

在垫上完成；考官发令时即计时开始。

测试方法

一～三级测试前滚翻（无腾空），四～六级测试侧滚翻（无腾空抢背），七～九级测试抢背。

前滚翻时，由蹲撑后蹬地屈膝、低头、含胸、提臀同时以颈、背、腰、臀着垫滚动成蹲立。着地部位不对、团身不紧，均为无效动作。

侧滚翻时，右前左后错步站立，蹬地后身体向前斜扑（身体不腾空），就势翻滚，以右肩和右背着地，屈膝收腿，左腿外侧外侧落地。动作未经肩、背着地被视为无效动作；背接触地面时，头脚之间的连线与完成动作的方向之间的角度超过60° 以上，被视为无效动作。

抢背时，右前左后错步站立，蹬地后身体向前斜扑（身体腾空，腾空高度不限），就势翻滚，以右肩和右背着地，屈膝收腿，左腿外侧落地。动作未经肩、背着地被视为无效动作；背接触地面时，头脚之间的连线与完成动作的方向之间的角度超过60°以上，被视为无效动作。

评分方法

前滚翻、侧滚翻、抢背左右各完成3次所用的时间为被测试者的测试成绩，合格标准参照基本技能合格线一览表，百分制换算表详见第22页二维码。

要点图示及说明

前滚翻　侧滚翻　抢背

- 前滚翻时，团身要紧

- 抢背时，动作需腾空。背接触地面时头脚之间的连线与完成动作方向之间的角度不能超过60°以上

科目五：三级蛙跳

测试要求

两脚自然分开站立，站在起跳线后，脚尖不得踩线。

测试方法

两脚用力往后蹬地，两臂稍微弯曲往上摆动，向前上方腾空跳起，并充分展体；收腹，举腿，小腿往前伸；同时双臂用力往后摆动，两脚落地缓冲。连续完成3次相同动作。连续跳跃过程中不得有垫步、跳步、移步等动作，否则视为无效。

评分方法

记录起跳点到落地点的距离，以米为单位，保留两位小数为测试成绩，合格标准参照基本技能合格线一览表，百分制换算表详见第22页二维码。

要点图示及说明

一～三级
三级蛙跳

四～六级
三级蛙跳

七～九级
三级蛙跳

- 连续跳跃中不能出现垫步、跳步、移步等动作

基本技能测试合格标准及评分换算表

男生各级基本技能合格线一览表

等级	得分	正踢腿（秒）	俯卧撑（掌/拳）（次）	乌龙盘打（秒）	滚翻（前滚翻、侧滚翻）、枪背（秒）	三级蛙跳（米）
九级	60	17.88	45	18.60	8.36	7.37
八级	60	22.58	34	24.49	13.99	6.86
七级	60	27.28	24	30.38	19.62	6.35
六级	60	31.98	13	36.27	25.25	5.84
五级	60	36.68	5	42.16	30.88	5.33
四级	60	41.38	5	48.05	36.51	4.82
三级	60	46.08	4	53.94	42.14	4.31
二级	60	50.78	3	59.83	47.77	3.80
一级	60	54.54	1	64.54	52.27	3.39

女生各级基本技能合格线一览表

等级	得分	正踢腿（秒）	俯卧撑（掌/拳）（次）	乌龙盘打（秒）	滚翻（前滚翻、侧滚翻）、抢背（秒）	三级蛙跳（米）
九级	60	18.47	31	26.54	13.72	6.08
八级	60	22.67	24	32.41	19.69	5.76
七级	60	26.87	17	38.28	25.66	5.44
六级	60	31.07	10	44.15	31.63	5.12
五级	60	35.27	5	50.02	37.60	4.80
四级	60	39.47	4	55.89	43.57	4.48
三级	60	43.67	3	61.76	49.54	4.16
二级	60	47.87	2	67.63	55.51	3.84
一级	60	52.07	1	73.50	61.48	3.52

男生各级基本技能
评分换算表

女生各级基本技能
评分换算表

专项技能测试

一级专项技能测试

测试科目

五步拳。

评分方法

考官根据被测试者现场表现进行评分，依照百分制换算表换算成相应分数，分数超过60分，则该科目合格。

动作图示

五步拳

预备势

弓步冲拳

弹腿冲拳

马步架打

歇步盖冲拳

提膝仆步穿掌

虚步挑掌

收势

二级专项技能测试

测试科目

十步拳。

评分方法

考官根据被测试者现场表现进行评分，依照百分制换算表换算成相应分数，分数超过60分，则该科目合格。

动作图示

十步拳

预备势

退步切掌

直立分掌

虚步亮掌

提膝劈掌

并步对拳

马步格拳

弓步冲拳

弹腿冲拳

马步架打

歇步冲拳

提膝穿掌

仆步穿掌

虚步挑掌

仆步抡拍

抡臂砸拳

弓步亮掌

收势

三级专项技能测试

测试科目

少林八步连环掌。

评分方法

考官根据被测试者现场表现进行评分，依照百分制换算表换算成相应分数，分数超过60分，则该科目合格。

动作图示

少林八步连环掌

预备势

当头炮

连环势

封喉势

窝心脚

硬拉弓

连珠炮

倒骑龙

披身锤

开弓势

沉香势

弹腿势

擒拿势

射箭势

斜飞势

起飞脚

单田贯耳

黑虎掏心

金鸡独立

挂面脚

拗单鞭

左右炮

琵琶势

收势

四级专项技能测试

测试科目

少年拳二路。

评分方法

考官根据被测试者现场表现进行评分，依照百分制换算表换算成相应分数，分数超过60分，则该科目合格。

动作图示

少年拳二路

预备势

抡臂砸拳

望月平衡

跃步冲拳

弹踢冲拳

马步横打

并步搂手

弓步推掌

搂手勾踢

缠腕冲拳

转身弓步劈掌

砸拳侧踹

撩拳收抱

五级专项技能测试

测试科目

初级长拳三路。

评分方法

考官根据被测试者现场表现进行评分，依照百分制换算表换算成相应分数，分数超过60分，则该科目合格。

动作图示

初级长拳三路

预备势

退步切掌

直立分掌

虚步亮掌

提膝劈掌

并步对拳

弓步冲拳

弹腿冲拳

马步冲拳

马步格拳

弓步冲拳

弹腿冲拳

大跃步前穿

弓步击掌

马步架掌

虚步栽拳

虚步挑掌

马步击掌

叉步双摆掌

弓步击掌

转身踢腿马步盘肘

歇步抡砸拳

仆步亮掌

弓步劈拳

换跳步弓步下冲拳

叉步亮掌侧踹腿

虚步挑拳

弓步顶肘

腾空飞脚

歇步下冲拳

仆步抡劈拳

提膝挑掌

提膝劈掌

弓步冲拳

虚步亮掌

收势

六级专项技能测试

测试科目

少年规定拳。

评分方法

考官根据被测试者现场表现进行评分，依照百分制换算表换算成相应分数，分数超过60分，则该科目合格。

动作图示

少年规定拳

预备势

弓步十字推掌

丁步抱拳

砸拳双推掌

上步正踢腿

撤步翻腰弓步撩拳

虚步亮掌

并步对拳

提膝双劈拳

马步架打

弓步架冲拳

提膝亮掌

大跃步弓步冲拳

弹腿冲拳

歇步冲拳

仆步穿掌

腾空飞脚

提膝亮掌

歇步亮掌

侧踹腿

马步盖拳

提膝扣拳

震脚弓步推掌

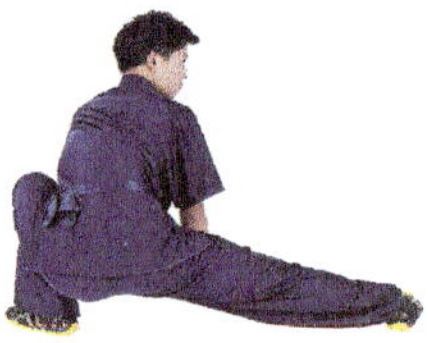

• 后扫腿

• 上步箭弹腿

• 提膝架冲拳

• 勾手抄掌

• 腾空外摆莲

• 仆步轮拍

• 弓步上冲拳

• 弧形步推掌

• 里合腿弓步推掌

• 弓步三冲拳

• 弓步贯拳

• 并步推掌

• 旋风脚马步架冲拳

• 跳身仆步切掌

• 上步单拍脚

• 弓步顶肘

击步撩掌

蹬腿推掌

扣腿架冲拳

抡臂砸拳

燕式平衡

跳转身提膝推掌

侧空翻弓步推掌

外摆腿仆步亮掌

并步勾手

跳转身弓步冲拳

砸拳

虚步架冲拳

收势

七级专项技能测试

测试科目

五路华拳或徒手自选套路。

评分方法

考官根据被测试者现场表现进行评分，依照百分制换算表换算成相应分数，分数超过60分，则该科目合格。

动作图示

五路华拳或徒手自选套路

五路华拳

八级专项技能测试

测试科目

徒手自选套路、短器械自选套路。

评分方法

考官根据被测试者现场表现进行评分，依照百分制换算表换算成相应分数，平均分数超过60分，则该科目合格。

动作图示

徒手自选套路+短器械自选套路

● 短器械自选套路

九级专项技能测试

测试科目

徒手自选套路、短器械自选套路、长器械自选套路。

评分方法

考官根据被测试者现场表现进行评分，依照百分制换算表换算成相应分数，平均分数超过60分，则该科目合格。

动作图示

徒手自选套路+短器械自选套路+长器械自选套路

长器械自选套路

专项技能测试
评分换算表

各级专项技能测试评分换算表

得分	九级	八级	七级	六级	五级	四级	三级	二级	一级
100	9.40	9.00	8.80	8.60	8.40	8.20	8.00	7.80	7.40
90	9.30	8.95	8.75	8.55	8.35	8.15	7.95	7.70	7.30
80	9.20	8.90	8.70	8.50	8.30	8.10	7.90	7.60	7.20
70	9.10	8.85	8.65	8.45	8.25	8.05	7.85	7.50	7.10
60	9.00	8.80	8.60	8.40	8.20	8.00	7.80	7.40	7.00
50	8.90	8.70	8.80	8.30	8.10	7.90	7.70	7.30	6.90
40	8.80	8.60	8.60	8.20	8.00	7.80	7.60	7.20	6.80
30	8.70	8.50	8.40	8.10	7.90	7.70	7.50	7.10	6.70
20	8.60	8.40	8.20	8.00	7.80	7.60	7.40	7.00	6.60
10	8.50	8.30	8.00	7.90	7.70	7.50	7.30	6.90	6.50

附 表

武术各级别与现有武术运动等级之间的关系

等第	级别	技术要求	段位与运动级别	备注
入门	一级	初步掌握综合技术	段前一级	
	二级	基本掌握综合技术	段前二级	
	三级	较好掌握综合技术	一段	
提高	四级	初步掌握武术套路技术	二段或相当于三级运动员	
	五级	基本掌握武术套路技术	三段或三级运动员	
	六级	较好掌握武术套路技术	四段或相当于二级运动员	
专业	七级	熟练掌握一项套路	四段或二级运动员	
	八级	熟练掌握一项徒手和一项器械套路	五段或二级运动员	
	九级	熟练掌握一项徒手和一项器械套路	六段或相当于一级运动员	
精英	十级	预留		
	十一级			
	十二级			